Schriftenreihe KONTEXT Band 14

Ramon Brüll und Jens Heisterkamp

Rudolf Steiner und das Thema Rassismus

Frankfurter Memorandum

Mit Anhängen zur Entstehung
und offiziellen Stellungnahmen zum Thema

Bibliographische Information der Deutschen Nationalbibliothek
Die Deutsche Nationalbibliothek verzeichnet diese Publikation in der Deutschen Nationalbibliographie; detaillierte bibliographische Daten sind im Internet über http://dnb.ddb.de abrufbar.

ISBN 978-3-95779-092-7

Erste Auflage 2008 Sonderdruck aus Zeitschrift Info3
Zweite, um ein Vorwort ergänzte Auflage 2018
Dritte Auflage 2020
Vierte, durchgesehene und ergänzte Auflage 2021

Typographie und Satz: Anke Okyere
Druck und Bindung: Wir machen Druck

Das Frankfurter Memorandum steht als pdf auch in **englischer, französischer, niederländischer** und **spanischer** Sprache unter www.info3.de/frankfurter-memorandum zur Verfügung

Inhalt

Vorwort zur Buchversion

Im September 2008 haben wir nach einem intensiven Studien- und Austauschprozess das *Frankfurter Memorandum: Rudolf Steiner und das Thema Rassismus* veröffentlicht. Das Erscheinen hat damals sowohl innerhalb der anthroposophischen Szene als auch in den Medien für viel Beachtung gesorgt. Seither hat sich diese Studie als die wichtigste kompakte Stellungnahme zu diesem umstrittenen Thema von anthroposophischer Seite etabliert und wird auch immer wieder öffentlich zitiert. Nicht nur viele Waldorfschulen und andere anthroposophische Einrichtungen geben bei entsprechenden Rückfragen dieses Memorandum an Fragende und Interessierte weiter, der Text ist auch ins Englische, Niederländische, Französische und Spanische übersetzt worden – wohlgemerkt auf Initiative von Anthroposophen und Waldorfpädagogen in den entsprechenden Ländern.

Unserer Wahrnehmung nach hat sich insbesondere ein Zweck dieser Studie erfüllt: Die Diskussion ist seither sachlicher geworden, weil für eine von nicht mehr zeitgemäßen Äußerungen Steiners irritierte Öffentlichkeit sichtbar wurde: Anthroposophen sind durchaus in der Lage, sich kritisch mit einer ansonsten hoch angesehenen Gründerfigur auseinanderzusetzen.

Fazit

Das Fazit des vorliegendes Memorandums lautet: **Aus Rudolf Steiners Werk sind einige Äußerungen bekannt, die nur als rassistisch oder antisemitisch gekennzeichnet werden können.** Die Autoren können nach eingehender Beschäftigung mit der Thematik zu keinem anderen Ergebnis kommen. Auch nach Abzug jener Stellen im Werk Rudolf Steiners, die aufgrund der

Verwendung alter theosophischer Begriffe missverständlich sind und jener aus der Frühzeit seines öffentlichen Auftretens, die er später selbst revidiert hat, bleiben einige Passagen, die schlichtweg abwegig sind. Diese sind zwar sowohl quantitativ (gemessen am Umfang des Gesamtwerkes) als auch qualitativ (sie stellen kein zentrales Motiv im Weltbild der Anthroposophie dar) von geringer Bedeutung, bedürfen aber dennoch besonderer Aufmerksamkeit.

Erklärbar (aber nicht entschuldbar) wird das Vorkommen dieser wenigen rassistischen Äußerungen, die im Widerspruch zu dem prinzipiell humanistischen Ansatz Steiners stehen nur, wenn man bedenkt, dass auch Steiner Kind seiner Zeit war. Er hat ganz sicher eine Fülle von auch heute noch aktuellen Anregungen und Erneuerungsvorschlägen zur Philosophie, Religion, Landwirtschaft, Pädagogik, Medizin und zur sozialen Frage auf den Weg gebracht, zumeist in Form von Vorträgen. Dabei knüpfte er häufig, teilweise vielleicht auch unbedacht, an das Wissen und die Diskurse seiner Zeit an, meist in der Absicht, ihnen eine erweiterte Richtung zu geben. **Steiner mag noch so vielfältig gewesen sein, alle wissenschaftlichen und gesellschaftlichen Themenbereiche hat er nicht komplett neu gedacht.** Dass er teilweise auch auf die eurozentrischen und rassistischen Denkmuster seiner Zeit, die bis in die damals aktuelle Naturwissenschaft hinein wirksam waren, zurückgegriffen hat, ist aus unserer Sicht ebenso ärgerlich wie verständlich. – Nur dürfen wir als Anthroposophen nicht den Fehler begehen, die in diesem Memorandum belegten diskriminierenden Äußerungen Steiners zu verharmlosen: sie *sind* rassistisch oder in bestimmten Fällen auch antisemitisch und sie *wirken* nicht nur so, wie es in manchen gut gemeinten früheren Stellungnahmen noch heißt. Auch die manchmal vorgebrachte Position, es sei damals eben üblich gewesen über andere Ethnien abschätzig zu denken, kann unsere Kritik nicht mindern – zumal in der Anthroposophie und ihren Praxisfeldern das Werk Steiners nicht als bloß historisches Opus, sondern als aktuelle Inspirationsquelle gesehen wird. Ebenso können wir Relativierungsversuche nicht gelten lassen, wonach es unrichtig sei, Steiner an später kodifizierten Rechtsvorstellungen zu messen, die zu seiner Zeit noch nicht maßgeblich waren. Denn genauso wenig wie die Sklaverei erst nach ihrer Abschaffung ein Verbrechen war, bildet auch die Diskriminierung bestimmter Menschengruppen nicht erst eine Verfehlung, seit die Maßstäbe moderner Menschenrechte und Antidiskriminierung gesellschaftlich verankert sind. Der Unterschied von „heute" im Vergleich zu „damals" ist lediglich ein gesteigertes Bewusstsein für die Frage der Menschenrechte und deren Verletzungen.

Wir freuen uns, dass diese Studie inzwischen in vierter Auflage und in überarbeiteter Form präsentiert werden kann

Ramon Brüll und Dr. Jens Heisterkamp,
Frankfurt am Main, Juli 2021

I. Einführung: Warum ein Memorandum?[1]

Die Behauptung, der Gründer der Anthroposophie Rudolf Steiner (1861–1925) sei Rassist gewesen oder habe rassistisch gefärbte Ansichten vertreten, wird seit einer Reihe von Jahren in kritischen Publikationen, aber auch in Medienberichten immer wieder vertreten. Dabei wird häufig gleichzeitig die Anthroposophie als Lehre und sozial-spirituelle Bewegung grundlegend in Frage gestellt. Diesen Vorwürfen stehen die Mitarbeiter anthroposophisch orientierter Einrichtungen in aller Welt gegenüber, die irritierende Äußerungen Steiners zum Thema „Rassen" als irrelevant und – im Verhältnis zu den zentralen anthropologischen Beiträgen Steiners – als völlig marginal einstufen. Ein vernünftiges Gespräch zwischen diesen beiden Positionen wird durch fundamentalistische Emotionen auf beiden Seiten bisher eher behindert: von der einen Seite wird ein vollständiges Distanzieren von einer vermeintlich überholten Gründerfigur verlangt, während auf der anderen Seite apologetisch jeder noch so abseitig wirkende Wortlaut Steiners verteidigt wird. Statt sich gegenseitig in den immer wieder aufbrechenden Debatten unvereinbare Positionen vorzuhalten, wäre ein Dialog auf sachlicher Grundlage möglich. Dazu will das vorliegende Memorandum beitragen.

Zu diesem Anliegen ist bereits vor 25 Jahren in den für Diskriminierungsfragen besonders sensiblen Niederlanden wichtige Vorarbeit geleistet worden, als 1996 unter Leitung des Men-

---

1 Über die Entstehung dieses Memorandum gibt der erste Anhang Auskunft. Die Verfasser sind Herausgeber der anthroposophischen Publikumszeitschrift *Info3*. Ramon Brüll übersetzte seinerzeit das im Text erwähnte Niederländische Gutachten ins Deutsche. Dr. Jens Heisterkamp ist promovierter Historiker.

schenrechtsexperten Dr. Th. A. van Baarda eine Fachkommission das Gesamtwerk Steiners auf eventuelle rassistische Äußerungen hin untersucht hat. Die so entstandene Studie[2] verfolgt dabei einen Ansatz, der die kritisierten Äußerungen Steiners nicht allein aus dessen Werkkontext[3] zu erklären versucht, sondern ihre *Wirkung* anhand objektiver rechtlicher und ethischer Kriterien misst. In ihrem Abschlussbericht stellte die niederländische Kommission fest, dass eine „Rassenlehre" im Sinne einer Theorie, die die angebliche Überlegenheit einer Menschengruppe gegenüber anderen postuliert, bei Steiner nicht vorkommt. Wohl aber gibt es nach Angaben der Kommission in dem etwa 89.000 Seiten umfassenden Gesamtwerk Steiners einige wenige Stellen – die Kommission zählte 16 Zitate die, würden sie von heutigen Autoren geäußert, aufgrund ihres diskriminierenden Charakters vermutlich sogar strafrechtliche Relevanz hätten. Bei weiteren 66 Zitaten handelt es sich nach Einschätzung der Kommission um minder schwere Fälle von Diskriminierung oder um *missverständliche Äußerungen*. Die Kommission folgte bei ihrer Einschätzung dem Grundsatz, dass es bei der Frage, ob ein Zitat beleidigend ist, nach allgemein gültigen Kriterien nicht auf die Absicht des Redners oder Autors, sondern vielmehr auf die Wirkung bei Betroffenen ankomme.[4]

---

2 *Antroposofie en het vraagstuk van de rassen.* Eindrapport van de onderzoekcommissie. Herausgegeben von der Antroposofische Vereniging in Nederland, Zeist 2000. Der vorläufige Interrimsbericht aus 1998 ist in deutscher Übersetzung erschienen als: *Anthroposophie und die Rassismus-Vorwürfe.* Der Bericht der niederländischen Untersuchungskommission „Anthroposophie und die Frage der Rassen". Hrsg. Von Th. A. van Baarda. Mit einem Vorwort von Justus Wittich und einer Analyse nach deutschem Recht von Ingo Krampen. Autorisierte Übersetzung von Ramon Brüll, Frankfurt am Main 1998 (5. Auflage 2009)

3 Einen hermeneutischen Ansatz vertreten z.B. Lorenzo Ravagli, Hans-Jürgen Bader u.a.: Rassenideale sind der Niedergang der Menschheit. Anthroposophie und der Rassismusvorwurf, Stuttgart 2002

II. Kritische Auseinandersetzung mit Äußerungen Rudolf Steiners

In dem hier vorliegenden Memorandum soll ein ähnlicher, jedoch eigenständiger Weg eingeschlagen werden wie seinerzeit von der niederländischen Kommission. Die Autoren dieses Memorandums schöpfen dabei aus einer engagierten Verbindung mit dem Werk Rudolf Steiners, machen aber die Zustimmung zum Gesamtwerk nicht zur Voraussetzung für eine Beurteilung, sondern orientieren sich vor allem an allgemein anerkannten Kriterien der Nicht-Diskriminierung sowie an Ergebnissen der historischen Rassismus-Forschung.

Im Blick auf problematische Äußerungen Steiners, die mit dem Thema „Rassen" zu tun haben, haben sich dabei im Wesentlichen fünf Kategorien herausgestellt:

1. Rassistisch scheinende theosophische Terminologie
2. Antisemitismus und Antijudaismus
3. Diskriminierung durch Dekadenz-Zuschreibungen
4. Diskriminierung durch missverständliche Ausdrucksweise und Stereotypisierungen
5. Tatsächlich rassistische Äußerungen

Bei fast allen im Folgenden angeführten Beispielen handelt es sich um jene Textstellen, die auch im Rahmen öffentlicher Kritik angeführt wurden und werden. Für die vollständige

---

4 Seit einigen Jahren bereits folgt der für die Herausgabe des Werkes Steiners verantwortliche Rudolf Steiner Verlag einer entsprechenden Empfehlung der Kommission und versieht bei anstehenden Neuauflagen von Büchern, in denen problematische Passagen enthalten sind, die in Rede stehenden Äußerungen Steiners mit einer kritischen Kommentierung.

Übersicht der inkriminierten Textstellen wird hier auf das Gutachten der niederländischen Kommission verwiesen (siehe Anmerkung 2), für den Kontext auch auf die entsprechenden Bände der Rudolf Steiner Gesamtausgabe.

1. Rassistisch scheinende theosophische Terminologie

In die erste Kategorie fällt der heute extrem irritierende Begriff der „Wurzelrasse", den Steiner bis ca. 1905 in Anknüpfung an die angelsächsische Theosophie für seine eigenen kulturphilosophischen Darlegungen verwendet hat. Die Grundwerke der Theosophie sprachen bei der Entwicklung der Menschheit *(„human race")* von den verschiedenen *Zeiträumen oder Epochen* der Geschichte der Menschheit als von *„root races"* oder *„sub-races"*, was in der deutschsprachigen Theosophie naiv als „Wurzelrasse" oder „Unterrasse" (im Sinne eines Teilbereichs der umfassenden Menschheit) übersetzt wurde. Diese irreführende Bezeichnung für Kulturepochen hat zunächst nichts mit der ethnischen Abstammung verschiedener Volksgruppen zu tun. Entgegen dem ersten Anschein – der Begriff „Unterrasse" könnte als abwertende Klassifizierung verstanden werden – haben diese Äußerungen daher keinen rassistischen Hintergrund.

Allerdings wirken Steiners diesbezügliche Aussagen heute außerordentlich befremdlich und sind für den nicht mit der theosophischen Literatur vertrauten Leser missverständlich. Ein Beispiel dazu aus einem Brief: *„Jede der Unterrassen unserer fünften Wurzelrasse hatte bisher einen semitischen Einschlag. Der letzte kam, wie Du weißt, über Spanien nach Mitteleuropa. Aber solche Einschläge erschöpfen sich, und, wenn ein Zyklus abgelau-*

fen ist, so muss ein neuer Einschlag kommen."[5] Diesem Zitat aus einem Brief vom 28. April 1905 an Marie von Sivers ist eine Zeichnung beigefügt, in der nacheinander fünf sogenannte „Unterrassen" (vom Hauptstamm) abzweigen: die alte indische Kultur, die Abzweigung der „Zarathustrakultur", die Abzweigung der semitisch-babylonisch-assyrischen Kultur, die römisch-griechische Welt und die *„Befruchtung der germanischen Kultur durch Semitismus und Christentum"*.

Die Begriffe „Wurzel"- oder „Unterrasse" sind in diesem Zusammenhang verwirrend sowie sachlich unangemessen und wurden von Steiner selbst seit etwa 1905 nicht mehr benutzt. Er hat sich von dieser Zeit an explizit von dieser theosophischen Begriffsverwendung distanziert: *„Es wird von mir absichtlich der Begriff ‚Unterrassen' vermieden, weil eigentlich der Begriff ‚Rasse' sich nicht völlig deckt mit dem, um was es sich dabei handelt. Es handelt sich um Kulturentwicklungsperioden [...]"*.[6]

Die Kritik, die sich an diesen Textstellen festmacht, ist somit von Steiner selbst bereits erkannt und berücksichtigt worden. Steiner war allerdings diesbezüglich in der Folge nicht immer konsequent, wodurch der Begriff „Rasse" auch in späteren Vortragsnachschriften noch vereinzelt synonym für Völker oder gar für Kulturzeiträume auftaucht.

---

5 Rudolf Steiner, Marie Steiner-von Sivers: *Briefwechsel und Dokumente 1901-1925*, GA 262, Rudolf Steiner Verlag, 2. Auflage, Dornach 2002 (1967), S. 105.

6 Rudolf Steiner: *Das Johannes-Evangelium*. GA 103. Rudolf Steiner Verlag, 11. Auflage, Dornach 1995 (1955). Vortrag vom 30. Mai 1908 in Hamburg, Seite 168.

2. Antisemitismus und Antijudaismus

Im Zentrum der wiederholt erhobenen Antisemitismus-Vorwürfe gegen Steiner steht eine Äußerung aus einer 1888 geschriebenen Besprechung zu einem Epos des österreichischen Dichters Robert Hamerling, wo Steiner in einer Zeitschrift schreibt: *„Es ist gewiss nicht zu leugnen, dass heute das Judentum noch immer als geschlossenes Ganzes auftritt und als solches in die Entwicklung unserer gegenwärtigen Zustände vielfach eingegriffen hat, und das in einer Weise, die den abendländischen Kulturideen nichts weniger als günstig war. Das Judentum als solches hat sich aber längst ausgelebt, hat keine Berechtigung innerhalb des modernen Völkerlebens, und dass es sich dennoch erhalten hat, ist ein Fehler der Weltgeschichte, dessen Folgen nicht ausbleiben konnten. Wir meinen hier nicht die Formen der jüdischen Religion allein, wir meinen vorzüglich den Geist des Judentums, die jüdische Denkweise."*[7]

Diese Äußerung ist – obwohl sich Steiner seinem Selbstverständnis nach vom krassen Antisemitismus des damaligen Österreich distanzierte – geradezu klassisch antisemitisch, schon weil sie stereotyp, abgrenzend und ablehnend von einer „jüdischen Denkweise" spricht, vor allem aber, weil sie dem Judentum eine „Berechtigung innerhalb des modernen Völkerlebens" abspricht und sich sowohl gegen die jüdische Religion als auch gegen „den Geist des Judentums" richtet. Sie ist auch nicht mit dem Hinweis zu rechtfertigen, dass das liberale Judentum des späten 19. Jahrhunderts selbst teilweise stark zur Assimilation drängte und seine eigene Identität infrage stellte.

---

7 Rudolf Steiner: Robert Hamerling: *Homunkulus. Modernes Epos in 10 Gesängen.* Deutsche Wochenschrift 16 / 17 (1888), in: Rudolf Steiner: *Gesammelte Aufsätze zur Literatur 1884-1902.* GA 32, Rudolf Steiner Verlag, 3. Auflage, Dornach 2004. Seite 145 ff.

Diese sehr abschätzige Äußerung blieb allerdings in Steiners Werk singulär. Einige Jahre später sah er den Antisemitismus als gefährliches Phänomen und wurde sogar publizistisch für den „Verein zur Abwehr des Antisemitismus" tätig, mit dessen Verantwortlichen er zum Teil freundschaftlich verbunden war. In einem seiner Aufsätze schrieb er knapp 13 Jahre nach der oben zitierten Äußerung: *„Wer offene Augen für die Gegenwart hat, der weiß, dass es unrichtig ist, wenn man meint, es sei die Zusammengehörigkeit der Juden untereinander größer als ihre Zusammengehörigkeit mit den modernen Kultur-Bestrebungen. Wenn es in den letzten Jahren auch so ausgesehen hat, so hat dazu der Antisemitismus ein Wesentliches beigetragen. Wer, wie ich, mit Schaudern gesehen hat, was der Antisemitismus in den Gemütern edler Juden angerichtet hat, der musste zu dieser Überzeugung kommen."*[8]

Steiners Äußerungen zum Judentum blieben allerdings auch weiterhin teilweise ambivalent, obwohl er beispielsweise den geistigen Beitrag der alt-hebräischen Kultur für die Geschichte der Menschheit sehr würdigte. Denn durch seine ab der Jahrhundertwende verstärkte Beschäftigung mit dem Christentum übernahm Steiner in seinem weiteren Vortragswerk auch manche antijudaistischen Stereotypen der christlichen Religion, die seit Paulus und Augustinus dazu neigte, dem Judentum nach dem Auftreten des „Erlösers" historische „Überlebtheit" zu unterstellen. Die Überwindung dieses latenten Antijudaismus bleibt auch für heutige Anthroposophen, die sich mit dem Christentum identifizieren, eine Herausforderung.[9]

---

8 Rudolf Steiner: *Verschämter Antisemitismus,* Mitteilungen aus dem Verein zur Abwehr des Antisemitismus 1901, II. Jahrgang, Nr. 48, enthalten in Rudolf Steiner: *Gesammelte Aufsätze zur Kultur- und Zeitgeschichte 1887-1901.* GA 31. Rudolf Steiner Verlag, 3. Auflage, Dornach 1989. S. 409.

9 Zum Thema Rudolf Steiner und das Judentum siehe grundlegend die Studie von Ralf Sonnenberg: *„Keine Berechtigung innerhalb des modernen Völkerlebens". Judentum, Zionismus und Antisemitismus aus der Sicht Rudolf Steiners,* in: Jahrbuch für Antisemitismusforschung, herausgegeben von Wolfgang Benz für das Zen-

Festzuhalten bleibt: Wenn Steiners zweifellos unseliges Zitat von 1888 tatsächlich der Ausgangspunkt einer antisemitischen Karriere gewesen wäre, würde man bei einem solchen Autor in den Folgejahren anderes finden: Eine programmatische Schrift vielleicht, die sich mit dem Judentum befasst, ein politisches Manifest mit verschwörungsideologischen Positionen zur Rolle des Judentums in der Welt oder Anbiederungssignale an Deutschnationale und Germanophile. Bei einem Antisemiten wären auch Schuldzuweisungen in Richtung des Judentums in der Zeit nach dem verlorenen Ersten Weltkrieg, wo Steiner sich ja stark zu politischen Themen geäußert hat, zu erwarten gewesen. Aber all das existiert nicht.

Es lässt sich so manches über Steiners Verhältnis zum Judentum diskutieren: dass er zum Beispiel die Idee einer jüdischen Staatsgründung skeptisch sah und dass er sich (bei seltenen Gelegenheiten) als Anhänger der Assimilationstheorie äußerte. Antisemitismus sieht anders aus.

3. Diskriminierung durch „Dekadenz"-Zuschreibung

Steiner hat sich, um seinen eigenen Ansatz einer spirituell-humanistischen Evolutionslehre zu verdeutlichen, nicht nur auf die aus altindisch-vedischen Quellen schöpfende Theosophie, sondern auch auf die naturwissenschaftliche Abstammungslehre bezogen, wie sie zu seiner Zeit insbesondere durch den deutschen Naturforscher Ernst Haeckel vertreten wurde. Dabei unterstützte Steiner im Wesentlichen Haeckels Eintreten gegen eine religiöse Erklärung der Entstehung der Welt und des Menschen. Wer heute jedoch z.B. Haeckels Dar-

---

trum für Antisemitismusforschung der Technischen Universität Berlin, Berlin 2003 S. 185 - 210 stellungen über die Abstammung des Menschen liest, ist befremdet darüber, wie ein führender Wissenschaftler seiner Zeit mit einem derart naturwissenschaftlich kalten und quasi zoologischen Blick auf die damals in den Horizont der europäischen Forschung geratenden indigenen Völker schaut. Haeckels Entwicklungsbiologie trägt, sofern sie auf die Genese des Menschen Bezug nimmt, klar rassistische Züge. So sprach Haeckel manchen Volksstämmen in Afrika sogar den Status der Zugehörigkeit zur menschlichen Gattung ab, rückte sie in die Nähe von Primaten und kritisierte, dass „die meisten Anthropologen dogmatisch an der sogenannten Arteinheit aller Menschenrassen" festhielten.[10]

Solche Positionen finden sich bei Steiner nicht, der bei aller Begeisterung für Haeckel doch erhebliche Vorbehalte gegenüber dessen rein materialistischen Ansatz hegte und sich z.B. vehement gegen die evolutive Nähe von Affen und Menschen verwahrte. Dennoch teilte Steiner manche rassistischen Vorannahmen der Wissenschaft seiner Zeit, wonach etwa einige Ethnien grundsätzlich als kulturell unterlegen galten. In Folge dessen treten auch bei ihm abschätzige Beurteilungen indigener Völker auf wie zum Beispiel: *„Wir haben in der amerikanischen Rasse eine primitive Urbevölkerung vor uns, die weit, weit zurückgeblieben ist".*[11] Andererseits gibt es bei Steiner auch tiefe Würdigungen der Spiritualität z.B. der amerikanischen Ureinwohner, die bei Haeckel und anderen damaligen Forschern gänzlich fehlen.

Steiner rückte dann etwa ab 1910 von der Darstellung einer vertikalen Abfolge von „Rassen" ab, wie er dies z.B. noch 1907

---

10 Ernst Haeckel: *Natürliche Schöpfungsgeschichte.* Gemeinverständliche Werke II. Leipzig, Berlin 1924, S. 397

11 Rudolf Steiner: *Das Johannes Evangelium* aus dem Band *Menschheitsentwicklung und Christus-Erkenntnis.* GA 100. Rudolf Steiner Verlag, 3. Auflage, Dornach 2006 (1967), Vortrag vom 22. November 1907 in Basel, Seite 259.

in Anlehnung an Haeckel vertreten hatte, und verfolgte nun ein mehr „horizontales" und universalistisches Konzept, wonach die unterschiedlichen Ethnien sich nicht (wie später die Kulturepochen) *nacheinander,* sondern weitgehend zeitgleich und parallel aus einer vorangehenden Ur-Menschheit herauskristallisiert haben.[12] Dabei liegt nun sein Fokus mehr auf den jeweils eigenen Entwicklungsbeiträgen – wobei Steiner allerdings z.B. Menschen mit schwarzer Hautfarbe klischeehaft die Rolle des „Kindheitszeitalters" der Menschheit zuordnet. Auch spricht Steiner hier für den weiteren Verlauf der menschheitlichen Entwicklung z.B. im Blick auf die amerikanischen Ureinwohner, wie bereits erwähnt, vom Phänomen „dekadenter Rassen", die an der weiteren Kulturentwicklung angeblich nicht teilnehmen. Der Begriff „Dekadenz" im Blick auf Menschengruppen stellt zweifellos eine Diskriminierung dar.

Weil Hochkulturen in einer bestimmten, aber begrenzten Zeitspanne und in einer ebenfalls begrenzten geographischen Region zur Entwicklung kommen, sind sie in der Regel auch mit bestimmten Völkern verbunden und wurden zumindest in früheren Kulturphasen der Menschheit somit in einer meist homogenen ethnischen Bevölkerungsgruppe verortet. So spricht man in der Regel etwa von der Griechischen Kultur und meint damit gleichzeitig die Bevölkerungsgruppe, die diese Kultur primär entwickelte. Daran nimmt niemand Anstoß, zumindest so lange nicht, wie nicht etwa davon die Rede ist, dass die gemeinte Kultur „untergeht", „stehen bleibt" oder „dekadent wird". Dann nämlich würde die Identifikation einer ethnischen Bevölkerungsgruppe mit der von ihr entwickelten oder getragenen Kultur fast zwangsläufig auch die „Dekadenz"

---

12 K-P. Endres und Wolfgang Schad: *Die Vielfalt des Menschen.* Die verschiedenen Annäherungen Rudolf Steiners an das Problem der menschlichen Rassen. Mitteilungen aus der anthroposophischen Arbeit in Deutschland, Sonderheft 1995.

der betreffenden Menschengruppe meinen. Die fehlende Differenzierung zwischen einer untergehenden Kultur und der sie tragenden Menschengruppe führt bei der Verwendung des Begriffes „Volk" zur Diskriminierung, wie etwa folgende Äußerung Steiners zeigt: *„Aber die Europäer sind hinaufgestiegen zu einer höheren Kulturstufe, während die Indianer stehengeblieben sind und dadurch in Dekadenz gekommen sind."*[13]

4. Diskriminierung durch missverständliche Ausdrucksweise und Stereotypisierungen

Ein Sonderfall bezüglich des Diskriminierungsvorwurfs ist der Vortragszyklus *Die Mission einzelner Volksseelen* aus dem Jahr 1910. Steiner wollte hier ein mehrschichtiges Bild der Entstehung von „Rassen", Völkern und Kulturen geben, wobei er neben äußerlichen klimatischen und geographischen Einflüssen, die für sich genommen leicht zum Determinismus führen könnten, eine Wechselwirkung mit Einflüssen der von ihm im Detail beschriebenen geistigen Wesenheiten darstellt.[14] Nach Steiners Beschreibung findet die (für ihn nur vorläufige und vorübergehende) Ausdifferenzierung der Gesamtmenschheit in verschiedene „Rassen" dadurch statt, dass unterschiedliche rein geistige Wesenheiten wie von außen auf die Menschen eingewirkt haben – und zwar jeweils konzentriert auf unterschiedliche Organsysteme: bei Mongolen auf den Blutkreislauf; bei Asiaten auf das Nervensystem; bei Schwarzafrikanern

---

13 Rudolf Steiner: *Menschheitsentwicklung und Christus-Erkenntnis.* GA 100, Rudolf Steiner Verlag, 2. Auflage, Dornach 2006 (1997), daraus Vortrag vom 22. November 1907 in Basel aus dem Zyklus *Das Johannes-Evangelium.* Seite 259.

14 Auf das an Ideen Herders und Hegels anknüpfende Konzept Steiners, den kulturellen Ausdruck von gesellschaftlichen Systemen durch die Beteiligung rein geistiger Entitäten („Volksgeister") zu erklären, kann hier nicht näher eingegangen werden.

auf das Drüsensystem, etc. Steiner spricht hier bildlich von „kochen und brodeln", weil bei diesem physikalischen Vorgang ebenfalls sichtbare Veränderungen durch nicht-sichtbare Kräfte von außen verursacht werden. Es „kocht und brodelt" im übertragenen Sinne also in den verschiedenen Organsystemen der Menschen, so Steiner. Und dann kommt es in diesem Zusammenhang zu der geradezu bizzar wirkenden Äußerung: *„Alles, was der Äthiopischen Rasse ihre besondere Merkmale verleiht, das kommt davon her, dass die Merkurkräfte in dem Drüsensystem der betreffenden Menschen kochen und brodeln."*[15] Dieser Satz ist, besonders wenn er aus dem Kontext herausgelöst oder verkürzt wird *(„beim Neger kocht und brodelt es im Drüsensystem")* beleidigend. „Kochen und Brodeln" klingt nach triebhafter, unkontrollierter Hitze, nach Chaos, Erregung und Entfesselung, Zeichen von Ich-Schwäche, Animalität und „niederer Sinnlichkeit".

Abgesehen von solchen Formulierungen führt heute allein schon der Begriff „Neger", den Steiner wie andere zeitgenössische Autoren sorglos verwendet, zu verständlichen Irritationen.

Ein anderes Beispiel dafür ist der zu Recht oft beanstandete Satz *„Denn selbst die Neger müssen wir als Menschen ansehen."*[16] Im Zusammenhang der Ausführungen Steiners an dieser Stelle ist klar, dass etwas anderes gemeint war; nämlich: „Denn Schwarze sind selbstverständlich Menschen" – eine Bemerkung, die 1922 noch keineswegs auf allgemeines Verständnis rechnen

---

15 Rudolf Steiner: *Die Mission einzelner Volksseelen in Zusammenhang mit der germanisch-nordischen Mythologie.* Elf Vorträge, 7. bis 17. Juli 1910 in Kristiania (Oslo). GA 121. Rudolf Steiner Verlag, 5. Auflage, Dornach 1982 (1974), Seite 111/112.

16 Rudolf Steiner: *Die geistig-seelischen Grundkräfte der Erziehungskunst. Spirituelle Werte in Erziehung und sozialem Leben.* GA 305, Rudolf Steiner Verlag, 3. Auflage, Dornach 1991. Daraus Vortrag vom 21. August 1922 in Oxford, Seite 100. Siehe auch Th. A. van Baarda (Hg.) *Anthroposophie und die Rassismus-Vorwürfe,* Info3-Verlag, Frankfurt am Main 2006 (1998), Seite 262.

konnte. Ob hier das Stenogramm ungenau ist oder ob es sich um einen Versprecher des Vortragenden gehandelt hat, mag dahingestellt bleiben. Der veröffentlichte Satz *ist* jedenfalls hochgradig diskriminierend, während es dem Vortragenden wohl gerade um das Gegenteil ging: die Einbeziehung der schwarzen Bevölkerung als gleichberechtigte Bürger der damaligen Kolonien.

Insbesondere bei einem Vortrag über Unterschiede in der Menschheit, die Steiner für die Bauarbeiter am damaligen Goetheanumbau gehalten hat, kam es zu peinlichen Stereotypisierungen. Hier ein längeres Beispiel dazu: *„Und während der Mongole das Mittelhirn hauptsächlich braucht, müssen wir Europäer das Vorderhirn anwenden. Dadurch aber stellt sich das Folgende heraus: Der mit dem Hinterhirn, der hat vorzugsweise das Triebleben, das Instinktleben. Der da hier mit dem Mittelhirn hat das Gefühlsleben, das in der Brust sitzt. Und wir Europäer, wir armen Europäer haben das Denkleben, das im Kopfe sitzt. Dadurch fühlen wir gewissermaßen unseren inneren Menschen gar nicht. Denn den Kopf, den fühlen wir nur, wenn er uns weh tut, wenn er krank ist. Sonst fühlen wir ihn nicht. Dadurch aber nehmen wir die ganze Außenwelt auf, werden dadurch leicht Materialisten. Der Neger wird schon kein Materialist. Der bleibt schon innerlich Mensch. Nur entwickelt er innerlich das Triebleben. Der Asiate wird auch nicht Materialist. Der bleibt beim Gefühlsleben. Der kümmert sich nicht so ums äußere Leben wie der Europäer. Von dem sagt er: Der wird nur ein Ingenieur, der sich nur mit dem äußeren Leben beschäftigt."*[17] Die stereotype Zuordnung nach rassischen Klischees ist augenfällig.

Auch an einer anderen Stelle (ebenfalls aus einem Arbeitervortrag) überschreiten solche Typisierungen die Grenze des

17 Rudolf Steiner: *Vom Leben des Menschen und der Erde. Über das Wesen des Christentums.* Vorträge für Arbeiter am Goetheanumbau, Band III, GA 349. Rudolf Steiner Verlag, 3. Auflage, Dornach 2006 (1961). Daraus: Vortrag vom 3. März 1923, Seite 58.

Zumutbaren: *„Daher ist beim Neger namentlich alles das, was mit dem Körper und mit dem Stoffwechsel zusammenhängt, lebhaft ausgebildet. Er hat, wie man sagt, ein starkes Triebleben, Instinktleben. Der Neger hat also ein starkes Triebleben. Und weil er eigentlich das Sonnige, Licht und Wärme, da an der Körperoberfläche in seiner Haut hat, geht sein ganzer Stoffwechsel so vor sich, wie wenn in seinem Innern von der Sonne selber gekocht würde. Daher kommt sein Triebleben. Im Neger wird da drinnen fortwährend richtig gekocht […]"*[18]

5. Tatsächlich rassistische Äußerungen

Den Hauptanteil jener Textstellen, die von Kritikern als Beleg für den Rassismus bei Steiner vorgezeigt werden, bilden einige Äußerungen Steiners, in denen er sich – anders als im Hauptduktus seiner Ethik der Freiheit des Individuums – deutlich als Angehöriger einer kolonialistisch und eurozentrisch geprägten Epoche mit ihren charakteristischen „Hierarchien des ‚Überlegenen' und ‚Minderwertigen'" (Christian Geulen)[19] zeigt. So sprach Steiner etwa mit Selbstverständlichkeit über die scheinbare *„Ungerechtigkeit der Natur, dass sie den einen zu einem Dasein in einer tief untenstehenden Menschenrasse verurteilt und den anderen zu einer scheinbar vollkommenen Rasse heraushebt"* und hielt es für gegeben, dass *„die kaukasische Rasse … die eigentliche Kulturrasse"* darstelle.[20]

---

18 Rudolf Steiner: *Vom Leben des Menschen und der Erde. Über das Wesen des Christentums.* Vorträge für Arbeiter am Goetheanumbau, Band III, GA 349. Rudolf Steiner Verlag, 3. Auflage, Dornach 2006 (1961). Daraus: Vortrag vom 3. März 1923, Seite 55.

19 Christian Geulen: Geschichte des Rassismus. München 2007, S. 10

20 Rudolf Steiner: *Weltenrätsel und Anthroposophie.* 22 Vorträge, Berlin, 5. Oktober 1905 bis 3. Mai 1906. GA 54. Rudolf Steiner Verlag, 2. Auflage, Dornach 1983. Seite 133 bzw. Seite 144

Hier die wichtigsten Beispiele dieser Haltung, auf die auch Kritiker immer wieder hinweisen:[21]

„[…] wir geben diese Negerromane den schwangeren Frauen zu lesen, da braucht gar nicht dafür gesorgt zu werden, dass Neger nach Europa kommen, damit Mulatten entstehen…“[22] Steiner verwendet hier den Begriff „Mulatten“ in abschätziger Art, so als ob Kinder aus ethnisch gemischten Beziehungen mit dunkler Hautfarbe in Europa unerwünscht wären.

Oder: *„Soll der vollkommene Geist ebensolche Voraussetzungen haben wie der unvollkommene? Soll Goethe die gleichen Bedingungen haben wie ein beliebiger Hottentotte?“*[23] Steiner verwendet hier den Begriff „Hottentotte“ pauschal als negatives Beispiel.

„Die Negerrasse gehört nicht zu Europa und es ist natürlich nur ein Unfug, dass sie jetzt in Europa eine so große Rolle spielt.“[24] Dieses Zitat beinhaltet für sich genommen eine Geringschätzung von Menschen mit schwarzer Hautfarbe.

„Es gibt eine Biographie von Schubert, die schildert das Exterieur von Schubert so, wie wenn Schubert ungefähr wie ein Neger ausgesehen

---

21 Die niederländische Kommission identifizierte 16 ernsthaft diskriminierende oder rassistische Äußerungen; die Verfasser dieses Memorandums neigen dazu, einige weitere Zitate zu der schwerwiegenderen Kategorie I zu zählen.

22 Rudolf Steiner: *Über Gesundheit und Krankheit. Grundlagen einer geisteswissenschaftlichen Sinneslehre.* Vorträge für die Arbeiter am Goetheanumbau, Band II. GA 348. Rudolf Steiner Verlag, 4. Auflage, Dornach 1997 (1983). Daraus Vortrag vom 30. Dezember 1922 vor Arbeitern am Goetheanumbau, Seite 188/189

23 Rudolf Steiner: *Das Christentum als mystische Tatsache und die Mysterien des Altertums.* GA 8, Rudolf Steiner Verlag, 9. Auflage, Dornach 1989 (1902), Seite 47

24 Rudolf Steiner: *Vom Leben des Menschen und der Erde. Über das Wesen des Christentums.* Vorträge für Arbeiter am Goetheanumbau, Band III. GA 349. Rudolf Steiner Verlag, 3. Auflage, Dornach 2006 (1961). Daraus: Vortrag vom 3. März 1923, Seite 53.

hätte. Es ist gar keine Rede davon gewesen! Er hat sogar ein sehr sympathisches Gesicht gehabt! Aber er war eben arm.“[25] Hier lässt sich Steiner wohl von einer persönlichen Gefühlsregung bestimmt dazu verleiten, Menschen mit schwarzer Hautfarbe indirekt als synonym für „nicht sympathisch“ zu sehen.

„Die weiße Rasse ist die zukünftige, am Geiste schaffende Rasse“.[26]

„Die Menschen würden ja, wenn die Blauäugigen und Blondhaarigen aussterben, immer dümmer werden, wenn sie nicht zu einer Art Gescheitheit kommen würden, die unabhängig ist von der Blondheit. Die blonden Haare geben eigentlich die Gescheitheit“.[27] Der hier unterstellte Zusammenhang zwischen Haut- bzw. Haarfarbe und Intelligenz braucht in seiner Abwegigkeit nicht weiter kommentiert zu werden.

Auf diese Äußerungen trifft eine der maßgeblichen Rassismus-Definitionen zu, wonach Rassismus durch die „verallgemeinerte und verabsolutierte Wertung tatsächlicher oder fiktiver Unterschiede zum Nutzen des Anklägers und zum Schaden seines Opfers entsteht, mit der seine Privilegien oder Aggressionen gerechtfertigt werden sollen“ (Albert Memmi).[28] Belege

---

25 Rudolf Steiner: *Esoterische Betrachtungen karmischer Zusammenhänge,* Band I, Rudolf Steiner Verlag, GA 235, 8. Auflage, Dornach 1994 (1933). Daraus Vortrag vom 8. März 1924, Seite 123. Die genannte Biographie stammt von Ritter von Kreissle-Hellborn, *Joseph von Spaun, einige Bemerkungen über die Biographie Schuberts.*

26 Rudolf Steiner: *Vom Leben des Menschen und der Erde.* Über das Wesen des Christentums. Vorträge für die Arbeiter am Goetheanumbau Band III, Dornach 1923. GA 349, Rudolf Steiner Verlag, 3. Auflage Dornach 200 (1961) Seite 67.

27 Rudolf Steiner: *Über Gesundheit und Krankheit.* Grundlagen einer geisteswissenschaftliche Sinnenlehre. Vorträge für die Arbeiter am Goetheanumbau Band II. Dornach 1922/1923. GA 348, Rudolf Steiner Verlag, Dornach 1997 (1983) Seite 103.

28 Diese Definition des französischen Wissenschaftlers fand u.a. Eingang in die

für eine Rechtfertigung von rassistischen Aggressionen finden sich bei Steiner zwar nicht.[29] Dennoch ist es sehr bedauerlich, dass solche im weiteren Sinne[30] rassistischen Äußerungen von Steiner gemacht wurden. Auch der zuweilen unternommene Versuch, diese Zitate kontextuell einzuordnen, macht sie nicht annehmbarer. Das dritte Zitat ist z.B. auch dann nicht hinnehmbar, wenn man annimmt, Steiner habe mit dem abschätzig klingenden Wort „Negerrasse" die schwarz-afrikanische Kultur gemeint. Bei den Zitaten dieser Kategorie handelt es sich auch nicht mehr um ein bloß sprachhistorisches Problem, dem mit einer „Übersetzung" des Gemeinten in eine „zeitgemäße" Sprache beizukommen wäre. So weit voraus ein Rudolf Steiner seiner Zeit in vielen pädagogischen, medizinischen und auch sozialen Fragen war – die oben genannten Äußerungen sind Dokumente einer überholten Denkweise und einer überholten Zeit, die heute in keiner Weise mehr vertretbar und nicht übersetzbar sind.

Das mitunter bemühte Argument, jene Zitate seien in einer anderen Zeit geäußert worden, gilt auch dann nicht, wenn es sich um Auffassungen handelt, die zwar vor etwa 100 Jahren in unserem Kulturkreis verbreitet, aber deshalb nicht weniger diskriminierend waren. Grobe absichtliche oder fahrlässige Diskriminierungen waren bereits verletzend, bevor das Diskriminierungsverbot etwa durch die Allgemeine Erklärung der

---

Encyclopaedia Universalis. Siehe auch Albert Memmi, *Rassismus*, Frankfurt am Main 1987).

29 Es gibt eine Aussage Steiners über das angeblich „gesetzmäßige", konstitutionell begründete Aussterben der „indianischen Bevölkerung" in den Vorträgen über *Die Mission einzelner Volksseelen,* GA 121, S. 79 . Auch diese Behauptung ist höchst fragwürdig, wobei sich Steiner hier wohl eher auf den Tod durch eingeschleppte Krankheiten bezieht. Die gewaltsame Ausrottung der indigenen Bevölkerung Amerikas durch die Europäer hat Steiner klar verurteilt. Siehe dazu ausführlicher van Baarda (Hrsg.), *Anthroposophie und die Rassismus-Vorwürfe,* S. 295ff.

30 A. Memmi folgend lässt sich ein Rassismus im engeren und im weiteren Sinne differenzieren.

Menschenrechte 1948 kodifiziert wurde. Der Unterschied von „damals" und „heute" besteht nicht darin, dass rassistische und diskriminierende Äußerungen und Handlungsweisen früher weniger verletzend (und daher „legitim") gewesen wären, sondern darin, dass wir heute ein (etwas) geschärfteres Bewusstsein dieser Menschenrechtsverletzungen haben.

III. Steiner vor dem Hintergrund historisch-kritischer Forschung

Trotz der in dieser Kategorie angeführten rassistischen Äußerungen ist Rudolf Steiner kein Rassist und kein Vertreter einer „Rassenlehre" im Sinne einer Ideologie der Sicherung von rassisch begründeter Vorherrschaft. Insbesondere fehlt bei Steiner – im Unterschied etwa zu populären rassistischen Autoren seiner Zeit wie Gobineau, Spencer oder Chamberlain – das für Rassismus typische „Hauptthema", „der Kampf als ‚Rassen' imaginierter Gemeinschaften um Selbstbehauptung, Geltung, Überlegen und Überlegenheit" sowie „die kollektive Anfeindung bis zum Vernichtungswillen".[31] Auch die für den Rassismus typischen Bedrohungs-Szenarien eines angeblich ausgewählten Abstammungskollektivs gibt es bei Steiner nicht. „Steiner entwickelt keine geschlossene Rassentheorie für die gegenwärtige Menschheit", befindet die Steiner-Kritikerin Jana Husmann-Kastein[32] und Helmut Zander, Autor der bisher umfangreichsten historisch-kritischen Studie zu Rudolf Steiner, fasst zusammen: „Mit manchen Äußerungen wird der Rassismus manifest, mit anderen hat Steiner sich explizit vom Rassismus seiner Umwelt distanziert."[33] „Historiker wie

---

31 Christian Geulen: *Geschichte des Rassismus.* München 2007. Geulen stellt weiter fest: „Wo immer man im ausgehenden 19. Jahrhundert auf rassentheoretische Überlegungen stößt, wird man diese Auffassung vom Rassenkampf als einem übergreifend gültigen Prinzip jeder Art von Gesellschaftsentwicklung formuliert finden", a.a.O. S. 73f. – Bei Steiner indessen kommt diese typisch rassistische Denkfigur schlicht nicht vor.

32 Jana Husmann-Kastein: *Schwarz-Weiß-Konstruktionen im Rassenbild Rudolf Steiners.* Vortragsmanuskript zur Tagung Anthroposophie – kritische Reflexionen an der Humboldt-Universität Berlin, 21.7.2006.

33 Helmut Zander: *Anthroposophische Rassentheorie.* In: S. v. Schnurbein und J.H. Ulbricht (Hg.): *Völkische Religion und Krisen der Moderne.* Würzburg 2001, Seite 325

George L. Mosse, Jörn Rüsen oder Uwe Puschner haben daher zu Recht Vorbehalte gegenüber dem Versuch angemeldet, Steiner unter die völkischen ‚Systembauer' und Aktivisten einzureihen", stellt auch Ralf Sonnenberg im *Jahrbuch für Antisemitismusforschung* fest.[34]

Steiner kritisierte vielfach sogar ausdrücklich die Betonung bluts- und traditionsgebundener Differenzen: „*Ein Mensch, der heute von dem Ideal von Rassen und Nationen und Stammeszugehörigkeiten spricht, der spricht von Niedergangsimpulsen der Menschheit. Und wenn er in diesen sogenannten Idealen glaubt, fortschrittliche Ideale vor die Menschheit hinzustellen, so ist das die Unwahrheit, denn durch nichts wird sich die Menschheit mehr in den Niedergang hineinbringen, als wenn sich Rassen-, Volks- und Blutsideale fortpflanzen.*"[35] Und ausgerechnet in jener Vortragreihe zum Thema „Volksseelen", in der sich mitunter sehr stereotype Rassenklischees finden, heißt es andererseits sehr grundsätzlich: „*Die Rassen sind entstanden und werden einmal vergehen*", und im Zeitraum der kommenden Jahrhunderte werde die Menschheit in Verhältnissen leben, in dem „*keine Rede mehr sein kann von einem Zustande, den wir als Rasse werden bezeichnen können.*"[36] All dies widerspricht systematischem Rassismus, der stets auf dauerhaften Bestand und Optimierung eines speziellen Abstammungszusammenhangs abzielt. Die völkische Ideologie hat Steiner und die Anthroposophie stets als Gegner behandelt.[37]

---

34 Sonnenberg, a.a.O., S. 205

35 Rudolf Steiner: *Die spirituellen Hintergründe der äußeren Welt.* Der Sturz der Geister der Finsternis 14 Vorträge, Dornach 1917. GA 177. Rudolf Steiner Verlag, 5. Auflage, Dornach 1999, Seite 220.

36 Rudolf Steiner: *Die Mission einzelner Volksseelen in Zusammenhang mit der germanisch-nordischen Mythologie.* Elf Vorträge, 7. bis 17. Juli 1910 in Kristiania (Oslo). GA 121. Rudolf Steiner Verlag, 5. Auflage, Dornach 1982 (1974), Seite 76

37 Lorenzo Ravagli: *Unter Hammer und Hakenkreuz.* Der völkisch-nationalsozialistische Kampf gegen die Anthroposophie, Stuttgart 2004

Im Zentrum von Steiners Anthroposophie steht – trotz einzelner rassistischer Äußerungen – die ganzheitliche Entwicklung des individuellen Menschen sowie einer Gesellschaft, die von der Entwicklung der Einzelnen zur Freiheit profitieren soll. Jene Gleichzeitigkeit von historisch überholten Schwachstellen in einem humanistischen Gesamtwerk teilt Rudolf Steiner mit anderen historischen Autoren wie Luther (Antisemitismus), Kant (Diskriminierung von Schwarzen) oder Albert Schweitzer und Hermann Hesse (teilweise Stereotypisierung von Afrikanern).[38] Die bereits mehrfach erwähnte niederländische Kommission *Anthroposophie und die Frage der Rassen* bezeichnet daher einen Großteil der Kritik an Steiner als „selektive Empörung". Tatsächlich werden auch von den meisten deutschsprachigen Kritikern in der Regel einzelne Textstellen herausgesucht und sowohl qualitativ wie auch quantitativ im Blick auf das Gesamtwerk überbewertet. Das ändert jedoch weder die Tatsache, dass die entsprechenden Zitate in der vorliegenden gedruckten Form diskriminierend *sind*, noch die Notwendigkeit, den historischen Autor Steiner *auch* als Angehörigen seiner Zeit zu verstehen. **Dabei geht es nicht um eine „Distanzierung" von Steiner, was einem knapp einhundert Jahre zurückliegenden Werk der Geistesgeschichte gegenüber unangemessen wäre, sondern darum festzustellen, dass es einzelne Textstellen wie auch fragwürdige Teil-Diskurse in diesem Werk gibt, mit denen man sich ausdrücklich nicht identifizieren kann und will.** Die Ambivalenz einer geistigen Größe, die historischer Autor *und* aktuell wirksamer Impulsgeber ist, gilt es nüchtern festzustellen und kritisch das eine vom anderen zu unterscheiden.

---

38 Dazu sehr erhellend die Studie von Marcelo da Veiga: *Sprachliche und historische Kriterien zum Rassismusvorwurf.* in: „Anthroposophie", Ausgabe Weihnachten 2007

IV. Entwicklungsdenken ohne Diskriminierung

Ein grundsätzliches Problem in Bezug auf Diskriminierungsfragen, das hier nur angesprochen, aber nicht abschließend geklärt werden kann, ergibt sich dadurch, dass in der Geschichte und insbesondere in der Gegenwart zeitgleich immer Vertreter mehrerer unterschiedlicher Kulturen bzw. Bewusstseinsformen vertreten sind. Werden nun einzelnen davon als repräsentativ für eine Hochkultur oder „Höherentwicklung" identifiziert, so liegt es nahe, dass sich Vertreter von aus dieser Sicht früheren Entwicklungsstufen zurückgestellt und unterbewertet erleben und dass umgekehrt aus der vermeintlichen „Höherentwicklung" politische oder ideologische Ansprüche abgeleitet werden. Auch eine an Steiner anknüpfende, evolutionär ausgerichtete Kulturforschung wird sich daher selbstkritisch mit der Gefahr chauvinistischer Abirrungen von Kulturvergleichen auseinandersetzen müssen.

Steiners Sicht der Menschheitsentwicklung als eines evolutionären Prozesses, der im Laufe der Geschichte von einfacheren zu komplexeren Kultur- und Bewusstseinsstufen führt, transportiert allerdings, sofern die Dimension der biologischen Abstammung ausdrücklich ausgeklammert wird, für sich genommen durchaus keine rassistischen oder chauvinistische Implikationen, wie manche Kritiker unterstellen. Fragwürdig wird es erst dann, wenn man kulturelle Evolution an die Zugehörigkeit zu bestimmten Ethnien oder überhaupt an vorgegebene Kollektive koppeln wollte. Positiv formuliert: in der Gegenwart gibt es keine grundsätzlichen Einschränkungen kollektiver Art für ein Individuum, gleichberechtigt und selbstbestimmt jede von ihm gewünschte Bewusstseinsstufe zu erreichen. Umgekehrt kann die berechtigte Sorge vor einer chauvinistischen Hierarchisierung von Kultur (als Weiterentwicklung von Bewusstsein verstanden), nicht bedeuten, den für die Anthroposophie – wie auch für andere humanistische Ansätze – zentralen Gedanken der individuellen Bewusstseinsentwicklung in Misskredit zu bringen. Von diesem Gedanken hängt schließlich auch die Entwicklung der Gesellschaft ab.

Die Gefahr einer falschen Hierarchisierung wird dabei dadurch gebannt, dass man unzweideutig von *kulturellen* Entwicklungsschritten im Sinne einer Bewusstseinserweiterung spricht. Diese sind als geistige Errungenschaften prinzipiell allen Menschen zugänglich und nicht etwa an eine bestimmte ethnische Zugehörigkeit gebunden.

Alles andere würde im Übrigen auch Steiners eigener individualistischer Ethik widersprechen. Die Kulturentwicklung der Menschheit in evolutionäre Schritte und Stufen zu gliedern kann nie bedeuten, dass aus kollektiven Bewusstseins- oder Kulturqualitäten eine Art Determinismus entsteht, wonach Angehörige einer bestimmten Kultur kollektiv auf bestimmte Merkmale oder Verhaltensweisen festgelegt wären. In der konkreten Darstellung von ethnischen oder volksmäßigen Eigenarten in seinen Vorträgen hat Steiner, anders als zum Beispiel in seinem philosophischen Hauptwerk *Die Philosophie der Freiheit*[39], den Vorrang des Individuellen vor dem Kollektiven allerdings nicht immer klar betont[40] und die Verwendung

---

39 Rudolf Steiner: *Die Philosophie der Freiheit.* Grundzüge einer modernen Weltanschauung (1894). GA 4

40 Dabei überzeugt auch das häufig von Anthroposophen vorgebrachte Argument nicht, dass unter der Voraussetzung der Wiederverkörperung des Individuums durch die unterschiedlichsten Ethnien, Kulturen und Völker hindurch ohnehin der unterstellte „niedere" Rang bestimmter Entwicklungsstufen relativiert werde, da somit auch deren Angehörige durch Wiedergeburt die Chance hätten,

organischer Analogien und kollektiver Typologien überlagert oftmals den eigentlich emanzipatorischen Individualismus seines Weltbildes. Insofern stellt Helmut Zander zu Recht fest: „Steiner reflektiert praktisch nicht über die Interpretationsbedingungen der von ihm benutzten Modelle, so dass die Zwänge einer organologischen Metaphorik, vor allem die vermeintliche Naturgesetzlichkeit ihres Ablaufs, nicht reflektiert werden"[41] Die Äußerungen Steiners zu diesem Punkt sind nicht immer eindeutig.

Im Gegenteil finden sich an einigen wenigen Stellen in Steiners Werk befremdliche Überschneidungen von geistigem und biologischem Denken. So wurden die Autoren dieses Memorandums erst längere Zeit nach Fertigstellung der ursprünglichen Version des Textes auf eine Äußerung Steiners aufmerksam, die auch der niederländischen Kommission in ihrer Brisanz offenbar entgangen war. Sie findet sich in Steiners Schulungsbuch *Wie erlangt man Erkenntnisse der höheren Welten?*, das erstmals 1904 erschien. Kurz vor Schluss dieses Werkes, in dem es um grundlegende Entwicklungsschritte des Menschen durch spirituelle Übungen geht (und das ansonsten nichts mit der Einteilung der Menschheit in biologische Kategorien zu tun hat), fügt Steiner diese Bemerkung ein:

„[...] Völker und Rassen sind nur die verschiedenen Entwickelungsstufen zur reinen Menschheit hin. Es steht eine Rasse, ein Volk umso höher, je vollkommener ihre Angehörigen den reinen, idealen Menschheitstypus zum Ausdruck bringen [...] Die Entwicklung des Men-

---

zu „höheren" Stufen aufzusteigen. Diese Sichtweise ist für Betroffene, die auf einer mutmaßlich „niederen" Stufe angesiedelt werden beziehungsweise die Annahme der Wiederverkörperungsidee gar nicht teilen, diskriminierend.

41 Helmut Zander: *Anthroposophische Rassentheorie.* In: S. v. Schnurbein und J.H. Ulbricht (Hg.): *Völkische Religion und Krisen der Moderne.* Würzburg 2001, S. 322

schen durch die Wiederverkörperung in immer höherstehenden Volks- und Rassenformen ist daher ein Befreiungsprozess. Zuletzt muss der Mensch in seiner harmonischen Vollkommenheit erscheinen.“ [42]

Selbst wenn man unterstellt, Steiner habe hier gemeint, dass die einzelnen Individuen durch ihre Entwicklung erst die Kollektive bilden, denen sie angehören und dadurch zu deren Entwicklung zum Höheren beitragen (und dass sie nicht umgekehrt von ihnen determiniert wären), ist hier eine Hierarchisierung nach ethnischen Kriterien unverkennbar; es wird einfach vorausgesetzt, dass es höherstehende „Volks- und Rassenformen“ gibt, was unweigerlich rassistische Wertungen einschließt. Steiners Denkfigur zielt gleichzeitig paradoxerweise im Ergebnis auf einen allgemeinen „idealen Menschheitstypus“ ab. Und einige Kapitel zuvor sagt Steiner sogar selbst es sei die Gefahr zu überwinden, „dass mich die Furcht vor einer Erscheinung hindert, sie klar zu beurteilen, dass mich ein Rassenvorurteil hindert, in eines Menschen Seele zu blicken.“

Die Hierarchisierung von „Rassen“ in der Schrift von 1904 entspricht noch Steiners frühen, an Darwin und Haeckel orientierten, esoterisch überhöhten evolutionären Denkweise. Steiner hatte diese für eine gewisse Zeit als Syntheseversuch von modernem naturwissenschaftlichen und theosophischem Denken verfolgt und dann ab etwa 1910 eigentlich nicht mehr vertreten. Die zitierte Textpassage erlebte dennoch unter den Augen Steiners unverändert weitere Auflagen (zuletzt 1918). Gleichzeitig betonte Steiner an anderer Stelle, beispielsweise in einem Vortrag des Jahres 1916, eine „Rasseentwicklung“ im Nacheinander verschiedener „Rassen“, wie sie von den „guten“

---

42 Rudolf Steiner: *Wie erlangt man Erkenntnisse der höheren Welten?*, Dornach 2010, GA 10, S. 164 f.

geistigen Mächten ursprünglich vorgesehen gewesen sei, habe sich durch den störenden Einfluss anderer Wesen gar nicht vollziehen können.[43] Das Ziel aller Entwicklung sieht Steiner gerade darin, bei immer noch sich steigernder Unterschiedlichkeit im Äußeren der Menschen zu einer geistigen Vereinigung der Menschheit zu gelangen, zu einer „Eroberung der Einheit der Menschen von innen heraus" – eine Entwicklung, die er mit dem Wirken Christi verbindet,[44] von dem in seiner theosophischen Zeit noch kaum die Rede war.

Wie an wenigen anderen Stellen seines Werkes wird in der Passage in *Wie erlangt man* die Ambivalenz sichtbar, mit der parallel bei Steiner offenbar unreflektierte kolonialistische Einstellungen mit modernen Emanzipations- und Gerechtigkeitsideen nebeneinander auftauchen. In der heute existierenden anthroposophischen Bewegung versteht man es allerdings, diese Ebenen klar zu trennen.

---

43 Rudolf Steiner: *Die geistige Vereinigung der Menschheit durch den Christus-Impuls,* GA 165, S. 170).

44 a.a.O., S. 179

V. Zusammenfassung und Schlussfolgerungen

• Es kommt bei Steiner kein Rassismus, wie dieser in der historischen Forschung definiert wird, vor, ebenso keine systematisch vertretene „Rassenlehre" und keine Ideologie eines „Rassenkampfes", insbesondere nicht als Theorie und Handlungsanweisung für die moderne bzw. gegenwärtige Menschheit.

• Indessen finden sich in Steiners Werk vereinzelte diskriminierende und einige wenige rassistische Äußerungen, die eindeutig als historisch überholt eingeordnet werden müssen. Sie sind historisch dadurch erklärbar (aber nicht zu rechtfertigen), dass sich Steiner in einer Zeit von Kolonialismus und Eurozentrismus an einem teilweise rassistisch gefärbten Diskurs zu Fragen der Evolution des Menschen beteiligte.

• Einer singulären antisemitischen Äußerung aus dem Jahr 1888 steht Steiners öffentliches Eintreten gegen den Antisemitismus in der Zeit um die Jahrhundertwende gegenüber. Auch darüber hinaus sind jedoch in manchen seiner Vorträge antijudaistische Züge enthalten.

• Steiner hat aus heutiger Sicht nicht immer ein deutliches methodisches Bewusstsein der Problematik gezeigt, die darin liegt, Entwicklungsmöglichkeiten von Kultur und Bewusstsein an biologische Merkmale zu koppeln. So entstehen teilweise Denkfiguren kollektiver Diskriminierung durch Dekadenzzuschreibungen. Andererseits kritisierte Steiner die rein biologistische Einengung des Entwicklungsdenkens und setzte auf die Entwicklung des Individuums unabhängig von kollektiven Vorbedingungen.

• Grundsätzlich spielt das Thema der „Rassen" weder quantitativ noch qualitativ für das Ideengebäude der Anthroposophie eine Rolle. „Die explizit rassentheoretischen Passagen bilden einen überschaubaren Bestand", befindet mit Ansgar Martins einer der schärften Kritiker Steiners.[45] Das heißt, auf Tausenden von Buchseiten und in Hunderten von Vorträgen zu spirituellen, religiösen, pädagogischen, medizinischen oder politischen Fragen kommt das Thema in der Regel nicht vor. Und vor allem gilt: Weder in der anthroposophischen Literatur der Gegenwart noch etwa in Lehrplänen für Waldorfschulen finden sich Äußerungen wie die hier untersuchten. Die weltweiten sozialen Initiativen auf anthroposophischer Grundlage u.a. auch in Südafrika und Namibia, auf den Philippinen, in Ägypten und in Israel wären auf der Basis einer rassistischen Ideologie nicht plausibel. „Seine praxispolitischen Forderungen dürfen [...] durchaus als Indikator für eine emanzipatorische Zielsetzung jenseits von ‚Rasse', Blut und Boden gelten", so Ansgar Martins.[46]

• Der Gesamtduktus von Steiners Werk betont immer wieder die universalistische Entwicklung der einen, zusammengehörenden Menschheit ohne Rücksicht auf Unterschiede ethnischer, nationaler oder religiöser Herkunft. Mit seinem Ansatz der sozialen Dreigliederung wollte Steiner seinerzeit einen gesellschaftlichen Rahmen schaffen, in dem sich alle Individuen gleichberechtigt und unter Schutz ihrer angestammten kulturellen Eigenheiten frei entfalten können. Diese Ideen stimmen dem Geiste nach auch heute noch mit wesentlichen Errungenschaften der neueren Zeit wie der Erklärung

45 Ansgar Martins: *Rassismus und Geschichtsmetaphysik. Esoterischer Darwinismus und Freiheitsphilosophie bei Rudolf Steiner*, Frankfurt am Main 2012, S. 142

46 a.a.O, S. 143

der Menschenrechte und modernen Gesetzen gegen Diskriminierung und für Gleichbehandlung überein.

ANHANG 1

Zur Entstehung dieses Memorandums

Im Herbst 2007 geriet die Anthroposophie im deutschsprachigen Raum zum wiederholten Male erheblich unter öffentlichen Druck. Insbesondere drohte bei der Bundesprüfstelle für jugendgefährdende Medien eine Indizierung von einigen Büchern Rudolf Steiners aufgrund von Äußerungen, die als rassistisch angesehen wurden. Zwei Aspekte wurden damals für die Initiative zu diesem Memorandum maßgeblich: Zum einen hat die Öffentlichkeit ein berechtigtes Interesse daran zu erfahren, wie heutige Anthroposophen, die sich mit hohen ethischen Ansprüchen in die Gestaltung gesellschaftlicher Felder wie Schulen, Behindertenhilfe, Gesundheits- und Kreditwesen einbringen, über elementare Fragen der Menschenrechte und des Zusammenlebens von Menschen unterschiedlichster Herkunft denken. Zum anderen ist es ein Bedürfnis für Anthroposophen, heute ein aufgeklärtes Verhältnis auch zu den historischen und möglicherweise problematischen Aspekten ihres Gründers zu erarbeiten.

Aus diesen Voraussetzungen entstand ein Entwurf, der von den Autoren im März 2008 in der Zeitschrift *Info3 – Anthroposophie im Dialog* veröffentlicht wurde. Dem eigentlichen Text war dabei eine kurze Erklärung vorangestellt, in der die Absicht bekundet wurde, „den Rassismusvorwürfen auf gründliche und öffentlich wahrnehmbare Weise begegnen zu wollen." Zahlreiche Persönlichkeiten der anthroposophischen Bewegung unterstützten als Erstunterzeichner diesen Aufruf zum Dialog. Insbesondere hieß es dort weiter: „Für die Unterzeichner spielt die Anthroposophie Rudolf Steiners eine große Rolle in ihrem persönlichen beziehungsweise beruflichen Leben gerade wegen ihres entschiedenen Eintretens für die Würde des Menschen und eine offene, plurale Gesellschaft. Deswegen bedauern sie es, dass im Werk Rudolf Steiners, welches sie in seiner Substanz, radikalen Freiheitlichkeit und kosmopolitischen Menschlichkeit begeistert, einzelne Stellen enthalten sind, die geeignet sind, heute Menschen in ihrer Würde zu verletzen."

Unterzeichner waren Dr. Ibrahim Abouleish, Cornelius Bohlen, Dr. Richard Everett, Nikolai Fuchs, Dr. med. Michaela Glöckler, Wolfgang Held, Matthieu van den Hoogenband, Walter Hiller, Frank Hörtreiter, Bernd Keicher, Dr. Walter Kugler, Henning Kullak-Ublick, Paul Mackay, Michael Olbrich-Majer, Dr. Jost Schieren, Christoph Simpfendörfer, Jonathan Stauffer, Theo Stepp, Rahel Uhlenhoff, Jelle van der Meulen, Bodo von Plato, Justus Wittich sowie nahezu alle Autoren der Zeitschrift *Info3* wie Dr. Frank Meyer, Rüdiger Iwan, Marianne Carolus, Janos Darvas und viele andere.

Die ursprüngliche Absicht der Autoren, auf der Basis dieses Entwurfs gemeinsam mit den Unterzeichnern und anderen Interessierten eine Schlussfassung zu erarbeiten, konnte indessen nicht umgesetzt werden, da sich bald nach der Veröffentlichung sehr unterschiedliche und auch unerwartete Reaktionen zeigten. So stieß zum Beispiel bereits die Tatsache einer Unterstützungsbekundung durch Unterschriften in Teilen der anthroposophischen Bewegung auf heftige Kritik, da man kollektive Meinungsäußerungen ablehne. Während vor allem Menschen, die in den praktischen Lebensfeldern der Anthroposophie stehen, den Vorstoß vielfach begrüßten, gab es auch Stimmen, denen jegliches Verständnis für ein solches Vorgehen fehlte. In einem mehrere Monate andauernden, lebhaften Diskussionsprozess (u.a. auf der Info3-Website und in nahezu allen anthroposophischen Zeitschriften) zeichneten sich, grob vereinfacht, drei unterschiedliche Haltungen in dieser Frage ab:

• Vertreter der ersten Richtung halten das Erheben von Rassismus-Vorwürfen gegen Steiner grundsätzlich für eine Folge destruktiver Absichten bzw. fehlender Verständnisgrundlagen der Anthroposophie; demnach lassen sich alle Probleme als „Missverständnisse" aufklären, sofern man sie im jeweiligen Werkkontext Steiners zu interpretieren vermag. Im Rahmen einer Weltanschauung, in der das allgemein-menschliche Christentum sowie die Idee der Reinkarnation gelte, die alle Völker durchziehe, sei Rassismus gar nicht möglich, so diese Auffassung, die beispielsweise in anthroposophischen Verbandszeitschriften wie dem *Goetheanum* oder der *Erziehungskunst* vertreten wurde. In der Mitgliederzeitschrift *Anthroposophie weltweit* distanzierte sich der Vorstand der Anthroposophischen Gesellschaft in Deutschland von dem Memorandums-Entwurf.[47]

• Vertreter einer zweiten Position sehen zwar das Problem diskriminierender Äußerungen Steiners, halten es aber nicht für angemessen, diese detailliert und öffentlich zu kommentieren, sondern wollen mehr die konstruktiven Beiträge Steiners hervorheben. Zu dieser Sicht neigten auch einige der Erstunterzeichner des Entwurfs, die kurz nach der Veröffentlichung Wert auf die Feststellung legten, dass sie mit ihrer Unterschrift zwar den Prozess der Auseinandersetzung, nicht aber schon den Entwurf als solchen unterstützen wollten. Diese Gruppe von Erstunterzeichnern, zu denen Vertreter des Bundes der Freien Waldorfschulen, der Rudolf Steiner-Nachlassverwaltung sowie des Goetheanums in Dornach gehörten, bekun-

---

47 Aktuell kommt diese Haltung in Peter Selg, Constanza Kaliks, Justus Wittich und Gerald Häfner *Anthroposophie und Rassismus. Ein Beitrag aus der Goetheanum-Leitung*, Manuskriptdruck, 2. Auflage, Dornach, Juni 2021 zum Ausdruck. Darin werden sämtliche rassistische Äußerungen Steiners als „dekontextualisierte Partialaussagen" bezeichnet, Eine direkte Auseinandersetzung mit diesen Aussagen findet in diesem Beitrag der Goetheanum-Leitung nicht statt.

deten in einer gemeinsamen Erklärung mit den Autoren des Memorandum-Entwurfs die Absicht, „die Auseinandersetzung mit den Rassismus-Vorwürfen zunächst auf unterschiedlichen Wegen weiter zu verfolgen".

• Vertreter der dritten Richtung beteiligten sich durch Kritik und konkrete Anregungen, die einzelne Sachfragen, aber auch den von manchen immer noch als apologetisch empfundenen Stil des Entwurfs oder seine zu enge Anlehnung an das niederländische Gutachten betrafen.

Die Verfasser sind dankbar für die vielfältigen Reaktionen auf ihren Vorstoß. Zahlreiche Anregungen aus schriftlich eingegangenen Kommentaren und intensiven Gesprächen wurden bei der Endredaktion berücksichtigt. Außerdem wurden stärker als im Erstentwurf auch Beiträge der historischen Rassismus-Forschung herangezogen. Insgesamt ist so eine gegenüber dem Entwurf erheblich veränderte und verdeutlichte Schlussfassung entstanden. Eine ursprünglich in Erwägung gezogene Unterschriftenaktion haben die Verfasser zugunsten der Erwartung zurückgestellt, dass das Memorandum seine Wirkung durch eine breite Rezeption innerhalb und außerhalb der anthroposophischen Bewegung entfaltet.

• Nachdem das Memorandum 2008 in großer Auflage als Sonderdruck der Zeitschrift *info3* erschienen war, folgten ab 2018 mehrere Buchauflagen, für die jeweils kleinere inhaltliche Präzisierungen vorgenommen wurden.

ANHANG 2

Dokumentation: Öffentliche Stellungnahmen aus der anthroposophischen Bewegung zu den Rassismusvorwürfen

Edition Rudolf Steiner Gesamtausgabe und die Rassismus-Vorwürfe:

Angesichts aktueller Rechtsfragen und zahlreicher Medienberichte zur Frage von rassendiskriminierenden Äusserungen im Werk Rudolf Steiners sieht sich die Rudolf Steiner Nachlassverwaltung als verantwortliche Herausgeberin veranlasst, über ihre diesbezügliche Editionspraxis zu informieren.

Seit den 90er Jahren werden einzelne Aussagen im umfangreichen Gesamtwerk von Rudolf Steiner (1861-1925) als möglicherweise rassendiskriminierend diskutiert. Solche Äusserungen wurden seither von verschiedenen Seiten ausführlicher untersucht. Eine ausserordentlich gründliche und umfassende Analyse in sachlicher und rechtlicher Hinsicht wurde von der niederländischen Untersuchungskommission „Anthroposophie und die Rassenfrage" (1998/2000) erarbeitet. Die Kommission kam dabei unter anderem zu folgenden Ergebnissen:

Rudolf Steiners Werk enthält keine rassistische Lehre. Aussagen über Rassen sind sowohl inhaltlich wie quantitativ ein geringfügiger Teil des Gesamtwerks. Sie sind auf dem grundsätzlichen Hintergrund zu sehen, dass Rudolf Steiner, wie er an zahlreichen Stellen in seinem Werk systematisch ausgeführt hat, von einer weitreichenden Auffassung des menschlichen Individuums ausgeht, für das Gruppenzugehörigkeiten nach Rasse, Volk, Geschlecht, Religion, Stand etc. äusserliche Erscheinungsformen sind. Differenzierungen nach Rassen betreffen gemäss den Begriffen der Anthroposophie Rudolf Steiners vergangene Zustände der Menschheit, die in der Gegenwart und Zukunft bedeutungslos werden.

Gesellschaftspolitisch hat sich Rudolf Steiner, vornehmlich in seiner Initiative zur sozialen Dreigliederung, radikal für die Freiheit und Gleichwertigkeit der menschlichen Individuen eingesetzt. Er hat sich häufig und unmissverständlich gegen Rassismus, Antisemitismus, Nationalismus und ähnliche Bestrebungen erklärt.

Es gibt jedoch eine Anzahl von Aussagen über Rassen im veröffentlichten Gesamtwerk, die nach den Kriterien heutiger Diskriminierungsbestimmungen, wie sie in der Zeit nach dem Zweiten Weltkrieg entwickelt wurden, dann problematisch wirken können, wenn sie heute in zu Hass aufrufender, feindseliger und diskriminierender Art verwendet oder nicht in ihren Kontext gestellt würden.

Der Vollständigkeit halber wurde festgestellt, dass Steiners Äusserungen über Rassen in seiner Zeit in jedem Fall unbedenklich waren. Bestimmungen zur Diskriminierung fehlten in der damaligen Gesetzgebung.

Die Rudolf Steiner Nachlassverwaltung gibt das Werk Rudolf Steiners als wissenschaftliche Gesamtausgabe eines historischen Autors heraus, der die anthroposophische Geisteswissenschaft begründete. Sämtliche Werke werden nach den Richtlinien der Edition veröffentlicht. Der Empfehlung der oben genannten Kommission folgend, werden seit 2005 Textstellen in Bänden der Gesamtausgabe, die Äusserungen enthalten, welche möglicherweise aus heutiger Sicht als rassendiskriminierend angesehen werden können, bei Neuauflagen oder

Neuerscheinungen mit Sonderhinweisen kommentiert. Diese Herausgabepraxis ist für alle künftigen Neuauflagen und Neuerscheinungen betroffener Bände vorgesehen. Die Kommentierungen müssen im Einzelfall erarbeitet werden und dienen dem Zweck, sachliche Hinweise zum Kontext der jeweiligen Aussagen zu geben, mögliche Missverständnisse zu erläutern und ihre kritische Einordnung zu ermöglichen.

Die Vorstandsmitglieder erklären hiermit im Namen der Rudolf Steiner Nachlassverwaltung, dass sie sich von einer Verwendung von Äusserungen Rudolf Steiners, die zum Hass gegen Menschengruppen aufriefe oder sich in feindseliger und diskriminierender Art gegen Menschengruppen aufgrund von Rasse, Volk, Geschlecht, Religion etc. richtete, in aller Deutlichkeit distanzieren. Sie sähen darin nicht nur einen Verstoss gegen elementare Prinzipien der Menschenwürde, sondern auch einen Missbrauch der Intentionen Rudolf Steiners.

Der Vorstand der Rudolf Steiner Nachlassverwaltung,
Oktober 2007

Stuttgarter Erklärung:2020
Waldorfschulen gegen Rassismus und Diskriminierung

Die Freien Waldorfschulen leisten bei der Wahrnehmung ihrer erzieherischen Aufgabe im Geiste der Menschenrechte einen Beitrag für eine Gesellschaft, die auf dem solidarischen Zusammenleben aller Menschen beruht. Als Schulen ohne Auslese, Sonderung und Diskriminierung ihrer Schüler:innen sehen sie alle Menschen als frei und gleich an Würde und Rechten an, unabhängig von ethnischer Zugehörigkeit, nationaler oder sozialer Herkunft, Geschlecht, Sprache, Weltanschauung oder Religion.

Die Anthroposophie als Grundlage der Waldorfpädagogik richtet sich gegen jede Form von Rassismus und Nationalismus. Die Freien Waldorfschulen sind sich bewusst, dass das Gesamtwerk Rudolf Steiners vereinzelt Formulierungen enthält, die von einer rassistisch diskriminierenden Haltung der damaligen Zeit mitgeprägt sind. Die Waldorfschulen distanzieren sich von diesen Äußerungen ausdrücklich. Sie stehen im vollständigen Widerspruch zur Grundausrichtung der Waldorfpädagogik und zum modernen Bewusstseinswandel.

Weder in der Praxis der Schulen noch in der Lehrer:innenausbildung werden rassistische oder diskriminierende Tendenzen geduldet.

Die Freien Waldorfschulen verwahren sich ausdrücklich gegen jede rassistische oder nationalistische Vereinnahmung ihrer Pädagogik und von Rudolf Steiners Werk. Aus diesem Selbstverständnis arbeiten die Freien Waldorfschulen seit ihrer Gründung 1919. Waldorfpädagogische Einrichtungen engagieren sich heute weltweit in den unterschiedlichsten kulturellen, politischen, sozialen und religiösen Kontexten.

Diese Erklärung ersetzt die Fassung von 2007. Verabschiedet von der Mitgliederversammlung des Bundes der Freien Waldorfschulen am 20. November 2020.

Erklärung zu den Rassismusvorwürfen gegenüber Rudolf Steiner und der Anthroposophie

Der Vorstand der Anthroposophischen Gesellschaft in Deutschland e.V. gibt folgende Erklärung ab:

Eine humane Wissenschaft des freien Menschen
Anthroposophie fragt nach den historischen und gegenwärtigen Entwicklungsbedingungen des freien Menschen. Sie versteht sich als humane Wissenschaft menschlicher Individualität; so ist ihr jeder Rassismus und jede Ausgrenzung von Menschengruppen fremd. Rudolf Steiner hat in seinem Werk die Grundlagen für ein solches Selbstverständnis des Menschen geschaffen. Sein Ziel war die Überwindung von Unfreiheit und Grenzen, die aus Definitionen von Gruppenhaftigkeit und Rassenzugehörigkeit entstehen. Die von Rudolf Steiner am Ende des 19. und zu Beginn des 20. Jahrhunderts verwendeten Formulierungen sind dabei selbstverständlich zeitgebunden. Im heutigen Sprachempfinden kann an einigen Stellen der Eindruck einer rassebezogenen Ausdrucksform entstehen; ernsthafte Prüfung von Inhalt und Kontext wird aber jederzeit eine gegenteilige Intention erkennbar machen.

Die Praxis der Anthroposophie in verschiedensten Einrichtungen z. B. der Pädagogik, Therapie und Forschung dokumentiert diese Verpflichtung gegenüber dem freien Menschen in Zielsetzung und Zusammenarbeit.

Für den Vorstand der Anthroposophischen Gesellschaft in Deutschland
Dr. Wolf-Ulrich Klünker, Mechtild Oltmann, Hartwig Schiller,
Justus Wittich, 19. November 2007

Zusammenfassung des Abschlussberichtes der Niederländischen Kommission „Anthroposophie und die Frage der Rassen"

Die niederländische Kommission „Anthroposophie und die Frage der Rassen" hat am Samstag, den 1. April 2000 ihren Abschlussbericht dem Vorstand der Anthroposophischen Gesellschaft in den Niederlanden vorgelegt. In diesem Abschlussbericht bestätigt die Kommission ihr früheres Ergebnis aus dem Zwischenbericht vom Februar 1998. Demnach enthält das Gesamtwerk Rudolf Steiners (1861-1925) weder eine Rassenlehre noch kommen Aussagen vor, die in der Absicht getroffen wurden, Menschen oder Personengruppen wegen ihrer Rassenzugehörigkeit zu beleidigen und die deshalb als rassistisch angesehen werden könnten. Nach dem Urteil der Kommission enthält das Gesamtwerk Rudolf Steiners jedoch eine Anzahl von Aussagen, die nach heutigen Maßstäben diskriminierenden Charakters sind oder als diskriminierend erfahren werden könnten.

Die Kommission folgert, dass 16 Aussagen Rudolf Steiners – wenn sie heute als eigene Behauptung in der Öffentlichkeit vertreten würden – nach niederländischem Recht wegen ihres diskriminierenden Charakters strafbar wären; das sind vier mehr als in dem Zwischenbericht ermittelt. Eines davon wurde, wie in seiner Autobiographie nachgelesen werden kann, bereits zu Lebzeiten Steiners von einem jüdischen Bekannten als verletzend erfahren [...].

Die Kommission empfiehlt, diese Stellen aus der Rudolf-Steiner-Gesamtausgabe künftig nur noch kommentiert zu veröffentlichen. Das gilt auch für die Zitate der Gruppe 2, die zwar nicht als diskriminierend im Sinne des heutigen Strafrechtes eingestuft wurden, die jedoch in der Gefahr stehen, ohne entsprechende Interpretation leicht missverstanden zu werden oder im geringeren Maße als diskriminierend erfahren zu werden (beispielsweise durch die zeitgebundene Wortwahl oder durch Verwendung anthroposophischer Fachbegriffe). In dem Zwischenbericht wurden 50 solcher Zitate genannt; im Abschlussbericht sind es 67. In die Gruppe 3 wurden alle Zitate eingestuft, die weder diskriminierenden Charakters sind noch einer Kommentierung bedürfen. Es betrifft alle übrigen der 162 untersuchten Zitate.

Abweichende Bedeutung

Die Verantwortung für die Wiedergabe der Auffassungen Steiners im Sinne eines eigenen Standpunktes liegt bei den heutigen Autoren und Rednern – in der Regel Anthroposophen. Sie sollten sich vergegenwärtigen, dass bestimmte Begriffe und Aussagen, – auch wenn sie von Steiner ausschließlich im beschreibenden, charakterisierenden Sinne verwendet wurden – heute emotionsbeladen sind und ungewollt eine diskriminierende Wirkung haben können. Es handelt sich hierbei um die Verantwortung von Rednern und Autoren gegenüber heutigen Zuhörern und Lesern, einschließlich möglicher Angehöriger ethnischer Minderheiten.

Weil die Bedeutung der Begriffe sich mit der Zeit ändert, kann die wortwörtliche Wiedergabe von Zitaten Rudolf Steiners deren Inhalt verändern. Überholte Begriffsbedeutungen können einen durchaus nachteiligen Eindruck vermitteln. Das Zitat zum Beispiel, auch Neger seien Menschen, kann im heutigen Kontext ernsthaft diskriminierend wirken. Ende des 19. und Anfang des 20. Jahrhunderts wurden die nicht-europäischen Völker und Rassen im Allgemeinen nicht selbstverständlich zu der gleichen Art europäischer Menschen gerechnet. Vor diesem Hintergrund damaliger Denkgewohnheiten dürfte das Zitat damals eine geradezu emanzipatorische Aussage bedeutet haben.

Judentum und Zionismus

Die Kommission hat für ihren Abschlussbericht auch die Auffassungen und Aussagen Steiners über Juden, das Judentum sowie über den Zionismus ausgewertet und beurteilt. Dieser Teil der Studie zeigt, dass Rudolf Steiner sich stark gegen die Verschmelzung der Begriffe „Rasse“ und „Volk“ zu dem einheitlichen Begriff der „Nation“ gewehrt hat. In diesem Zusammenhang zeigt er sich allgemein als Gegner der Bildung ethnisch homogener Staaten. Aus diesem Grund hat er sich zu seiner Zeit auch prinzipiell gegen den Zionismus als staatsbildende Idee ausgesprochen und sich für die Integration des Judentums in eine gemeinsame, jedoch differenzierte europäische Kultur eingesetzt. Die Zugehörigkeit zum Judentum war für ihn eine religiöse Frage, die mit der individuellen und kulturellen Freiheit, zusammenhängt, nicht jedoch als Grundlage zur Bildung eines eigenen Staates verstanden werden kann.

Die Studie erklärt andererseits auch, warum und welche von Steiners Aussagen über das Judentum und den Zionismus zu Missverständnissen und Kritik Anlass gegeben haben. 1897 polemisierte Steiner als Essayist im *Magazin für Litteratur* scharf und persönlich gegen die Gründer des Zionismus, Herzl und Nordau. Er warf ihnen Übertreibung und Missbrauch des zur damaligen Zeit aufkommenden Antisemitismus für ihre eigenen politischen Ziele vor, während die Pogrome in Russland bereits einen Flüchtlingsstrom Richtung Deutschland und Österreich verursacht hatten. Weil Steiner damit im Wesentlichen die Vision der Assimilation vertrat, die auch an anderen Stellen von ihm vertreten wird, kann Steiner nach Auffassung der Kommission unmöglich des Antisemitismus beschuldigt werden, auch wenn er zu diesem Zeitpunkt dessen Gefahr unterschätzte. Nichtsdestoweniger könne allein schon der bagatellisierende Charakter seines Urteils und die benutzten Formulierungen in dem betreffenden Essay nach dem Trauma des Holocaust in unserer Zeit als ernsthaft diskriminierend erlebt werden. Deshalb hat die Kommission das betreffende Zitat in die Gruppe 1 (Aussagen mit heute diskriminierendem Charakter) eingeordnet.

Das gilt auch für eine Äußerung in einem Aufsatz über die Rolle des Judentums in der Weltgeschichte, den der 27-jährige Steiner in einer Buchrezension für die *Deutsche Wochenschrift* 1888 veröffentlichte. Steiner stellte die Eigenständigkeit des Judentums als isolierte Gruppierung innerhalb Europas in Frage, während er gleichzeitig den günstigen Einfluss des Judentums auf die europäische Kultur in einem breiteren Zusammenhang würdigte. Eine Stelle, die in diesem Zusammenhang auf Kritik gestoßen ist, lautet: „Das Judentum als solches hat sich aber längst ausgelebt, hat keine Berechtigung innerhalb des modernen Völkerlebens, und dass es sich dennoch erhalten hat, ist ein Fehler der Weltgeschichte, dessen Folgen nicht ausbleiben konnten." (In Rudolf Steiner Gesamtausgabe Band 32)

Steiner war selbst betroffen, als dieser Artikel von seinem eigenen jüdischen Arbeitgeber Specht – dessen Kinder er als Hauslehrer unterrichtete – als für Juden verletzend erlebt wurde. Aus diesem Grund pflichtet die Kommission Steiners Biograph Christoph Lindenberg bei, der diese Stelle als „Entgleisung" qualifizierte. Sie selbst stellt fest, dass an der betreffenden Stelle eine „zu scharfe Formulierung" für den eigentlich gemeinten Standpunkt der Assimilation verwendet wurde. Heute, nach dem Holocaust, kann diese Formulierung selbstverständlich nicht mehr in anständiger Weise verwendet werden. Für die Kommission ist diese Formulierung, wenn sie heute aktuell verwendet würde, „ernsthaft diskriminierend gegenüber Juden" urteilt die Kommission im Wortlaut.

Anfängliche Unterschätzung des Antisemitismus

Rudolf Steiner widersetzte sich am Ende des 19. Jahrhunderts vehement den Plänen Theodor Herzls unter dem von ihm formulierten Zionismus, der dem Judentum einen staatlichen Rahmen, eine „Heimstätte", verleihen wollte. Später hat Steiner seine Auffassung konsequent erweitert und alle im Selbstbestimmungsrecht der Völker legitimierten Gründungen ethnisch homogener Staaten stark kritisiert. Im Übrigen stellt die Kommission überraschend fest, dass Rudolf Steiner und sein Zeitgenosse Theodor Herzl als junge Intellektuelle zu wesentlichen Themen fast identische Auffassungen vertraten. Beide befürworteten die Emanzipation der Juden, beide schätzen den aufkommenden Antisemitismus am Ende des 19. Jahrhunderts anfänglich als ungefährlich ein und beide waren schockiert von der Affäre um Dreyfus, und waren (wie sich später herausstellte: zu Recht) von dessen Unschuld überzeugt.

Aus dem ergänzenden Material geht hervor, dass Steiner den Antisemitismus schwer unterschätzte, aber sein diesbezügliches Urteil um 1900 revidierte. Ab 1901 bekämpfte er ihn ebenso unumwunden, wie er den Rest seines Lebens bis 1925 dringendst vor der Gefahr des aufkommenden Nationalismus warnte. In dem Zeitraum ab 1900, als Steiner einem Kreis von Künstlern und Intellektuellen um den gerade verstorbenen jüdischen Schriftsteller Jacobowski angehörte, war ihm die Gefahr des Antisemitismus präsent.

In jener Zeit schrieb er, die Hartnäckigkeit antisemitischer Empfindungen bei den Studenten und in der Bevölkerung so nicht erwartet zu haben. Er war davon ausgegangen, dass diese Empfindungen immer mehr als unberechtigt erkannt und daher überwunden werden würden. Unter Einfluss unter anderem des damals radikalen Politikers Georg von Schönerer stellten sie sich als alles andere als ein Überbleibsel alter Zeiten heraus. Steiner bezog wiederholt und unumwunden Stellung in den *Mitteilungen des Vereins zur Abwehr des Antisemitismus,* unter anderem in einer Artikelserie unter dem Titel *Verschämter Antisemitismus.*

Den Antisemitismus hatte er mittlerweile als „Gefahr sowohl für Juden als für Nichtjuden" und als „Kulturkrankheit" erkannt, die aus einer Gesinnung hervorging, gegen die nicht deutlich genug Stellung bezogen werden kann. In diesem Zusammenhang ist es bezeichnend für Steiners konsequente Haltung, dass er bereits 1919 die berüchtigten *Protokolle der Weisen von Zion* als antisemitische Fälschung bezeichnete, zwei Jahre bevor die britische *The Times* dies ausführlich belegen konnte. Unveränderlich blieb er aber der Meinung, dass die Zeit der Eigenständigkeit des Judentums als städtische Diaspora, ebenso wie die anderer Völker, vorbei war, und, zitiert nach seinem Zeitgenossen Kunowski, verschmelzen müsse „in der Glut einer neuen Kultur, die den Rassenhass verbrennt".

Gleichbehandlung der „Rassen"

Die Kommission bedauert, dass in der öffentlichen Diskussion um Anthroposophie und Rassismus die Gesellschaftstheorie Rudolf Steiners bisher außer Acht geblieben ist. Am Ende des 19. Jahrhunderts hat in der Auffassung Steiners ein neues Zeitalter begonnen. Eines der wichtigsten Kennzeichen dieser neuen Ära ist das kosmopolitische Element, die Bestrebung, nationalistische Tendenzen und die Unterscheidung der Rassen zu überwinden. Unter anderem deshalb setzte Steiner sich als Reaktion auf den Ersten Weltkrieg aktiv für seine Gesellschaftsvision, die sogenannte „soziale Dreigliederung" ein. Maßgeblich ist darin die Bedeutung, die Steiner der Freiheit des Individuums beimisst, das sich immer stärker aus den alten Formen der Gruppenbindung befreit. Steiner hat den Versuch unternommen, die Verschiedenheit der Rassen und insbesondere der Völker mit dem Ziel zu beschreiben, ein besseres gegenseitiges Verständnis zu ermöglichen. In Bezug auf die Rassen war er der Meinung, dass eine Betonung ihrer Unterschiedlichkeit nicht mehr zeitgemäß sei. In der Diskussion um die „soziale Frage" nach dem Ersten Weltkrieg setzte Steiner sich nicht nur für Kulturvielfalt, sondern gleichermaßen für die Gleichberechtigung der Angehörigen verschiedener Völker und Abstammungen als allgemein gültiges Gesetz ein. Das war in einer Zeit, in der Gleichheit vor dem Gesetz noch keineswegs selbstverständlich war - noch nicht einmal innerhalb der weißen Bevölkerung. Der vorliegende Abschlussbericht erwähnt in diesem Zusammenhang die Tatsache, dass die Friedenskonferenz von Versailles sogar den Vorschlag verworfen hat, die Gleichbehandlung der Rassen in die Völkerbundcharta aufzunehmen.

[Kritik an Wilson]

Steiner wandte sich ausdrücklich gegen jeden Versuch, die Begriffe „Rasse" und „Volk" zum neuen Begriff der „Nation" zusammenzuziehen. Anlässlich seiner Kritik am amerikanischen Präsidenten Woodrow Wilson und dessen Doktrin eines Selbstbestimmungsrechtes der Völker hat Steiner eindringlich vor der Gefahr des aufkommenden Nationalismus gewarnt. Merkwürdigerweise wurde Steiners Warnung vor der Begriffsverbindung von Rasse und Nation in der öffentlichen Diskussion bisher nicht erwähnt, schreibt die Kommission.

Wilson wurde von Steiner wiederholt mit dem Argument angegriffen, ein solches Selbstbestimmungsrecht führe zwangsläufig zum Fremdenhass und der Bestrebung, ethnisch homogene Nationen zu bilden. Des Weiteren habe Wilson geflissentlich übersehen, dass versucht wird, die Frage, was ein „Volk" ist, mittels politischer Debatten zu entscheiden und dass sie damit der Willkür nationalistisch orientierter Politiker unterworfen werden könnte, – mit allen Folgen, die sich daraus ergeben. Jeder Versuch, die Frage nach der Volkszugehörigkeit eindeutig zu beantworten, führe zwangsläufig zu der Bestrebung, „sauberes Blut" zu selektieren. Steiner erwähnte in seiner Kritik an Wilson den ethnischen Kampf in dem damals sich bildenden Jugoslawien als Beispiel für die Folgen nationalistischer Selbstbestimmungsbemühungen [...].

Untersuchung der Kritik

[...] Die Kommission geht auch der Kritik nach, wonach der Anthroposophie unter anderem eine Nähe zur Ideologie des Nationalsozialismus vorgeworfen wird sowie fehlende Stellungnahmen gegen die Nazis in den dreißiger Jahren bemängelt werden. Zu dem ersten Vorwurf stellt die Kommission klar, dass keinerlei inhärente Beziehung der Anthroposophie zu Ideologien, die auf Rassismus, Faschismus oder Antisemitismus beruhen, besteht. Die Weltanschauung Steiners, in der Rasseneigenschaften für die Zukunft keinerlei Bedeutung beigemessen wird und Rassenvorurteile sowie Nationalismen überwunden werden sollen, widerspricht der Blut-und-Boden-Theorie der Nazis. Das geht auch aus der Begründung des Verbots der Anthroposophischen Gesellschaft in Deutschland durch die Nazis im Jahre 1935 hervor.

Unabhängig von dieser grundsätzlichen Erwägung anerkennt die Kommission die Möglichkeit berechtigter Kritik gegenüber bestimmten zeitgeschichtlichen Verbindungen von einzelnen Anthroposophen zu den Nazis. Diese Beziehungen existierten konkret, was unter anderem aus dem Werk des

Historikers Uwe Werner hervorgeht (*Anthroposophen in der Zeit des Nationalsozialismus,* 1999). Nach Ansicht der Kommission zeigt die Geschichte, dass auch eine Mitgliedschaft in der Anthroposophischen Gesellschaft keine Garantie dafür war, dass der Betreffende sich unter allen Umständen aktiv gegen rassistische oder faschistische Einflüsse wehrt. Andererseits kann auch belegt werden, dass es Anthroposophen in der Widerstandsbewegung gegeben hat, was die Kommission ausdrücklich als Tatsache, nicht als Entschuldigung erwähnt.

Die Kommission weist in diesem Zusammenhang auf die Tatsache hin, dass auch Anthroposophen zu kompromittierenden Maßnahmen gegriffen haben, zum Beispiel als der Vorstand der Allgemeinen Anthroposophischen Gesellschaft 1935 einen „Ariernachweis" für Rudolf Steiner beantragte um dem drohenden Verbot der Anthroposophischen Gesellschaft in Deutschland entgegenzuwirken. Die Kritik, von anthroposophischer Seite sei kein nennenswerter Widerstand gegen die Nazidiktatur zu verzeichnen, bezeichnet die Kommission insofern als berechtigt, als der Vorstand der Allgemeinen Anthroposophischen Gesellschaft tatsächlich nichts gegen das Regime unternommen hat, eine Tatsache die „selbstverständlich äußerst bedauerlich ist" [...].

Selektive Entrüstung

Zum Schluss weist die Kommission erneut darauf hin, dass es in den Niederlanden kaum vorgekommen ist, historische Veröffentlichungen wie diejenigen Rudolf Steiners, dermaßen streng einer Überprüfung zu unterziehen. Sie schreibt: „Die Zahl der Seiten, auf der Aussagen vorkommen, die als diskriminierend erlebt werden können, umfasst weniger als ein Promille der gut 89.000 Seiten umfassenden Rudolf-Steiner-Gesamtausgabe.

Anthroposophie und Sozialdarwinismus widersprechen sich. Unterstellungen, Rassismus wäre der Anthroposophie inhärent oder Steiner wäre in konzeptioneller Hinsicht ein Wegbereiter des Holocaust, haben sich als kategorisch unrichtig erwiesen. Die Kommission kommt zu der festen Überzeugung, dass Rudolf Steiner im Vergleich zu anderen Vorkriegsautoren und Autoren des 19. und 20. Jahrhunderts (etwa Hegel oder Albert Schweitzer) das Opfer selektiver Entrüstung geworden ist."

Gerard Kerkvliet für die Anthroposophische Gesellschaft der Niederlande, 2000

Der Autor war Pressesprecher der Anthroposophischen Gesellschaft der Niederlande.

Der vorliegende Anhang ist eine Kurzzusammenfassung des 720 Seiten umfassenden Abschlussberichtes der Kommission *Anthroposophie und die Frage der Rassen* und ausschließlich für Medienzwecke bestimmt. Für wissenschaftliche Zwecke wird auf den Originalbericht in niederländischer Sprache verwiesen, der von der Antroposofische Vereniging in Nederland herausgegeben wurde. *Antroposofie en het vraagstuk van de rassen.* Eindrapport van de commissie Antroposofie en het vraagstuk van de rassen. Antroposofische Vereniging in Nederland, Zeist 2000, ISBN 90-805593-1-8.

Weitere Titel aus dem Info3 Verlag

(eine Auswahl)

Ted A. van Baarda (Hg.)
Anthroposophie und die Rassismus-Vorwürfe
Der Bericht der Niederländischen Untersuchungskommission „Anthroposophie und die Frage der Rassen"
(Schriftenreihe Kontext Band 1)
5. Auflage Mai 2009, 364 Seiten, Broschur, € 24,00
ISBN 978-3-924391-24-9

Ralf Sonnenberg
Anthroposophie und Judentum
Perspektiven einer Beziehung
Mit einem Vorwort von Yuval Lapide
(Schriftenreihe Kontext Band 12)
1. Auflage 2009, 176 Seiten, Broschur, € 9,90
ISBN 978-3-924391-43-0

Ansgar Martins
Rassismus und Geschichtsmetaphysik
Esoterischer Darwinismus und Freiheitsphilosophie bei Rudolf Steiner
(Schriftenreihe Kontext Band 13)
1. Auflage 2012, 176 Seiten, Broschur, € 14,80
ISBN 978-3-924391-63-8

Hans Büchenbacher
Erinnerungen 1933 – 1949
Zugleich eine Studie zur Geschichte der Anthroposophie im National-sozialismus. Mit Kommentaren und fünf Anhängen herausgegeben von Ansgar Martins
1. Auflage März 2014, 488 Seiten, Broschur, € 14,90
ISBN 978-3-95779-007-1

Alle Titel unter: www.info3.de

Info3-Verlag
Kirchgartenstr. 1, 60439 Frankfurt, Germany
Tel. 069-58 46 47, E-Mail: vertrieb@info3.de
www.info3.de